ATLAS DE LAS

Antiguas Civilizaciones

PARA NIÑOS

Neil Morris

Ilustrado por
Daniela De Luca

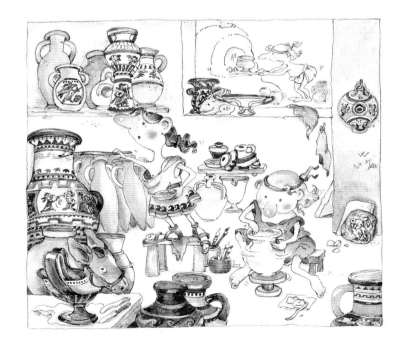

saber

Título original: *The Atlas of Ancient Civilizations*
D.R. © McRae Books Srl 2000

Texto: Neil Morris
Ilustraciones: Daniela De Luca
Investigación pictórica: Daniela De Luca
Diseño: Marco Nardi
Esquemas y recortables: Adriano Nardi y Ornella Fassio
Editora: Vicky Egan

Primera edición en español:
D.R. © 2004, Ediciones SM, S.A. de C.V.
Cóndor 240, Col. Las Águilas
México, D.F.
www.ediciones-sm.com.mx

ISBN: 970-688-393-2

Dirección editorial: Patricia López Zepeda
Traducción del inglés: Luis Esteban Pérez Villanueva
Edición: Rayo Ramírez A.
Corrección: Equipo SM

Impreso y encuadernado en China

Contenido

El nacimiento de la civilización 4
La antigua Mesopotamia 6
El antiguo Egipto 8
Los antiguos hebreos 10

La antigua Grecia 12
La antigua Roma 14
Los celtas 16
Los vikingos 18

La antigua China 20
El antiguo Japón 22
La antigua India 24
Mayas, aztecas e incas 26

Índice 28

Los primeros humanos

Nuestros primeros ancestros vivían en grupos pequeños. Elaboraban sus herramientas con piedra: las primeras fueron hachas y luego aprendieron a hacer cuchillos y puntas de lanza de pedernal muy filoso. Cazaban animales grandes como el mamut y el rinoceronte lanudo.

El nacimiento de la civilización

Nuestros ancestros —las primeras personas iguales a los humanos modernos— se desarrollaron, quizás en África, hace más de 100 000 años. Vagaban en busca de alimento, se abrigaban en cuevas y hacían tiendas con pieles de animales. Se expandieron a Asia, Europa y el resto del mundo. Esta era es conocida como la Edad de Piedra porque la gente hacía herramientas de piedra. Después hubo un tiempo en el que casi todo el mundo estuvo cubierto de hielo, el cual comenzó a derretirse hace casi 10 000 años. Con el tiempo, la gente comenzó a sembrar y luego construyó los primeros pueblos. Éste fue el nacimiento de la civilización.

Peces, frutas y bayas

En algunos lugares, la gente adquirió la habilidad para pescar. Usaban lanzas hechas con huesos de animales y pedernal, y trampas tejidas con ramas. También recolectaban frutos salvajes, bayas, nueces y raíces para comer.

Lagos y ríos

Algunos de nuestros ancestros se establecieron en un solo lugar. Los primeros estaban cerca de ríos y lagos, pues necesitaban agua fresca para sobrevivir. Otros construían casas cerca del borde del agua sobre soportes para evitar que se inundaran. Con el paso del tiempo comenzaron a sembrar en la tierra fértil.

Nómadas

Algunos grupos vagaban de un lugar a otro sin establecerse: eran "nómadas". Cazaban en el camino y hacían tiendas con pieles de animales cuando necesitaban descansar; con el tiempo, los primeros humanos se esparcieron por todo el mundo. Actualmente algunas personas siguen viviendo como nómadas.

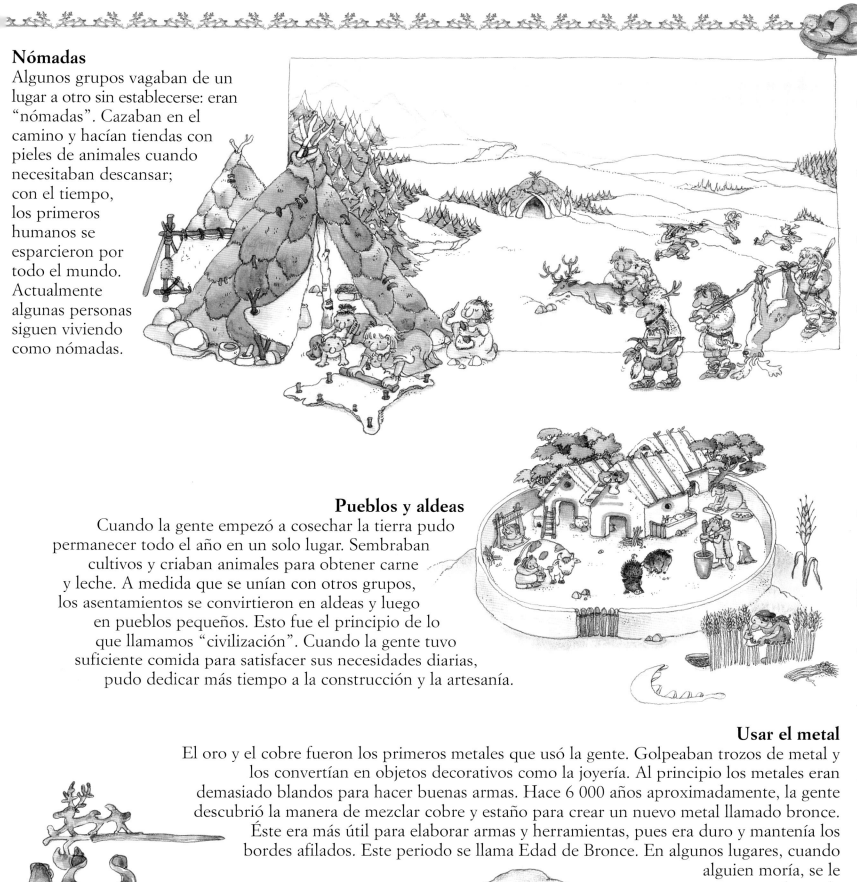

Pueblos y aldeas

Cuando la gente empezó a cosechar la tierra pudo permanecer todo el año en un solo lugar. Sembraban cultivos y criaban animales para obtener carne y leche. A medida que se unían con otros grupos, los asentamientos se convirtieron en aldeas y luego en pueblos pequeños. Esto fue el principio de lo que llamamos "civilización". Cuando la gente tuvo suficiente comida para satisfacer sus necesidades diarias, pudo dedicar más tiempo a la construcción y la artesanía.

Usar el metal

El oro y el cobre fueron los primeros metales que usó la gente. Golpeaban trozos de metal y los convertían en objetos decorativos como la joyería. Al principio los metales eran demasiado blandos para hacer buenas armas. Hace 6 000 años aproximadamente, la gente descubrió la manera de mezclar cobre y estaño para crear un nuevo metal llamado bronce. Éste era más útil para elaborar armas y herramientas, pues era duro y mantenía los bordes afilados. Este periodo se llama Edad de Bronce. En algunos lugares, cuando alguien moría, se le enterraba en la cima de los montes, en tumbas hechas con enormes piedras verticales.

Deporte real

Las primeras ciudades de Mesopotamia estaban gobernadas por sacerdotes. La gente elegía buenos soldados para que los guiara en la guerra.

Con el tiempo, estos poderosos líderes se convirtieron en reyes. La caza era uno de los deportes favoritos; los reyes y los nobles asirios ordenaban que se colocaran leones en lugares cercados para cazarlos más fácilmente.

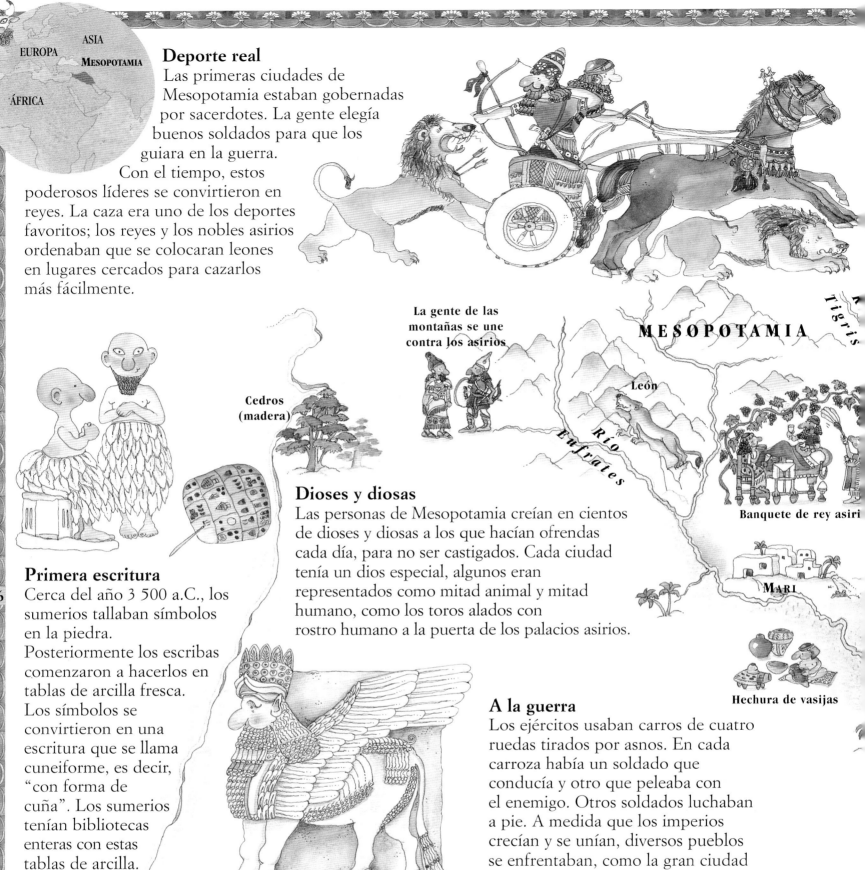

La gente de las montañas se une contra los asirios

Cedros (madera)

M E S O P O T A M I A

Río Tigris

León

Río Eufrates

Banquete de rey asirio

MARI

Hechura de vasijas

Dioses y diosas

Las personas de Mesopotamia creían en cientos de dioses y diosas a los que hacían ofrendas cada día, para no ser castigados. Cada ciudad tenía un dios especial, algunos eran representados como mitad animal y mitad humano, como los toros alados con rostro humano a la puerta de los palacios asirios.

Primera escritura

Cerca del año 3 500 a.C., los sumerios tallaban símbolos en la piedra. Posteriormente los escribas comenzaron a hacerlos en tablas de arcilla fresca. Los símbolos se convirtieron en una escritura que se llama cuneiforme, es decir, "con forma de cuña". Los sumerios tenían bibliotecas enteras con estas tablas de arcilla.

A la guerra

Los ejércitos usaban carros de cuatro ruedas tirados por asnos. En cada carroza había un soldado que conducía y otro que peleaba con el enemigo. Otros soldados luchaban a pie. A medida que los imperios crecían y se unían, diversos pueblos se enfrentaban, como la gran ciudad de Ur que fue saqueada por los elamitas en el 2004 a.C.

EUROPA ASIA MESOPOTAMIA ÁFRICA

La antigua Mesopotamia

Mesopotamia significa "tierra entre dos ríos". Fue nombrada así porque era una región fértil entre los ríos Tigris y Eufrates, que hoy forma parte de Irak. Los dos primeros reinos de Mesopotamia se llamaban Sumeria y Acadia, y fueron la primera civilización del mundo hace más de 5 000 años.

Posteriormente formaron parte del imperio babilónico y luego de los imperios asirio y persa.

Babilonia

La antigua Babilonia fue la ciudad más importante de su tiempo. Construida a orillas del río Eufrates, estaba protegida por murallas enormes, tan anchas que en su cima podían correr dos hileras de carros de cuatro caballos. La entrada principal a la ciudad era la Puerta de Ishtar, decorada con mosaicos azules con toros y dragones, que eran los símbolos de los dioses del pueblo.

M E R I A

Vacas lecheras

Palmas de dátiles

A C A D I A

Siembra de semillas

Cosecha de trigo

Jardines colgantes de BABILONIA

Estatua del rey Hammurabi y su código legal

Palmas de dátiles

Zigurat

Pastor

UR ● **Bote de cañas**

Casa de cañas

Soldados persas

Los persas tenían un ejército de 10 000 soldados perfectamente entrenados con el que derrotaron a los asirios en el año 539 a.C. Les llamaban "los inmortales" (que vive para siempre) pues cuando un soldado moría otro ocupaba su lugar.

Zigurats

Con frecuencia, los nuevos templos para los dioses se construían encima de los viejos. Estos llegaron a convertirse en elevadas torres llamadas zigurats.

Antiguo Egipto

Egipto está en el noreste de África. Esta civilización, localizada a lo largo del río Nilo, surgió cuando la gente se estableció junto a sus aguas vitales y formó dos reinos.

Hace 5 000 años, los dos reinos se unieron bajo el poder de un solo faraón o rey. Algunos de los faraones posteriores fueron enterrados en tumbas bajo enormes pirámides de piedra, de las que muchas aún existen. El reino del antiguo Egipto duró casi 3 000 años.

Dios del cielo

Era común representar al dios del cielo egipcio, Horus, como un halcón.

Animales

A los antiguos egipcios les gustaban los animales y muchas familias tenían gatos, patos y monos de mascotas. Sus dioses y diosas se representaban con cuerpo humano y cabeza de animal. Los gatos eran sagrados y los egipcios adoraban a una diosa gata llamada Bastet.

Dos reinos

El reino del Bajo Egipto estaba en el norte, cerca del mar Mediterráneo, y el del Alto Egipto estaba en el sur. Ambos se unieron cerca del 3 100 a.C.

Ropa y joyería

La mayoría de los egipcios usaba ropa de lino ligero. En las ocasiones especiales, hombres y mujeres usaban maquillaje y joyas de gemas preciosas, plata y oro.

MAR ROJO

MAR MEDITERRÁNEO

EUROPA

ÁFRICA

Egipto

Río Nilo

MENFIS

Esfinge

Pirámide de GIZA

Lago Fayyum

Momia de gato y estatua de Bastet

Pastor

Cabras y borregos

Barco de río

E G I P T O

Comercio de frutas

Arado

Cosecha de trigo

Recolección de uvas

Hechura de vino

Hechura de vasijas

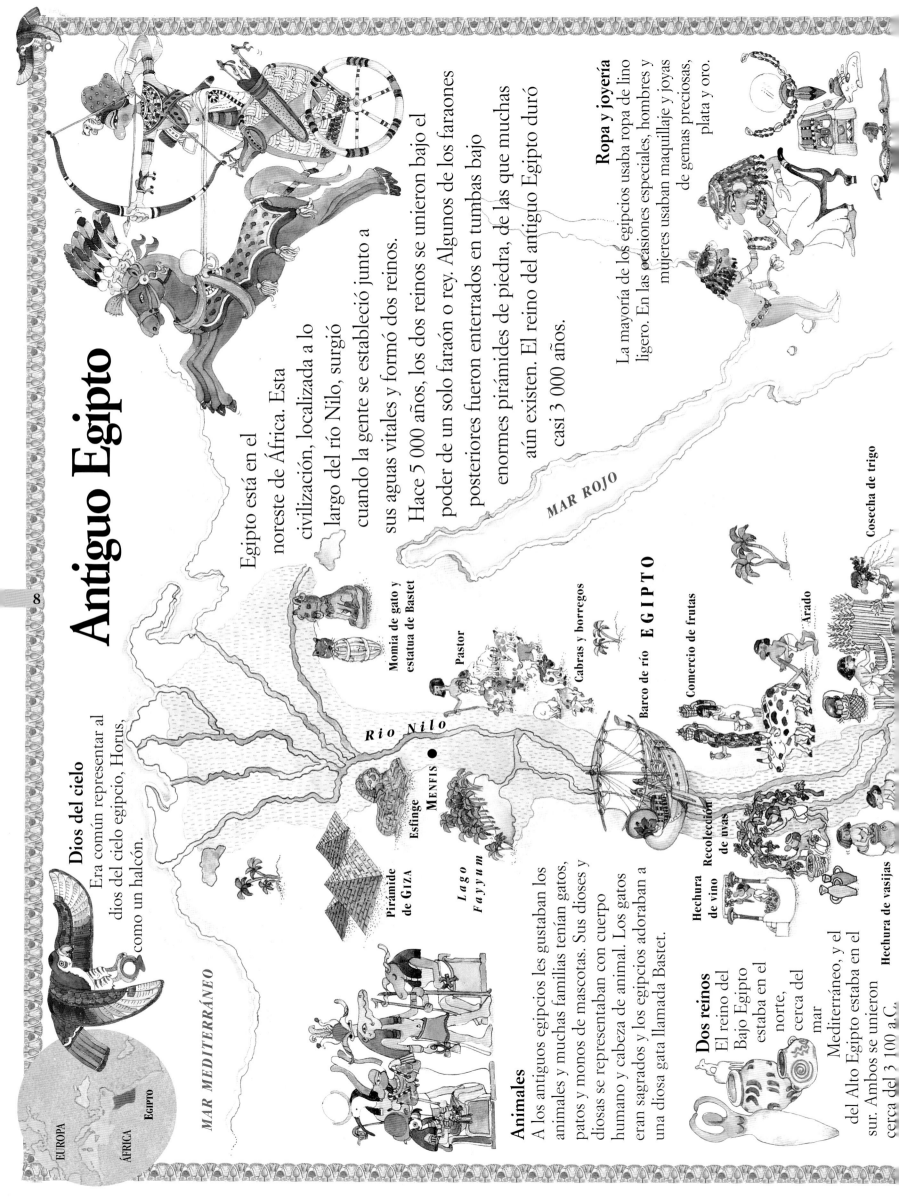

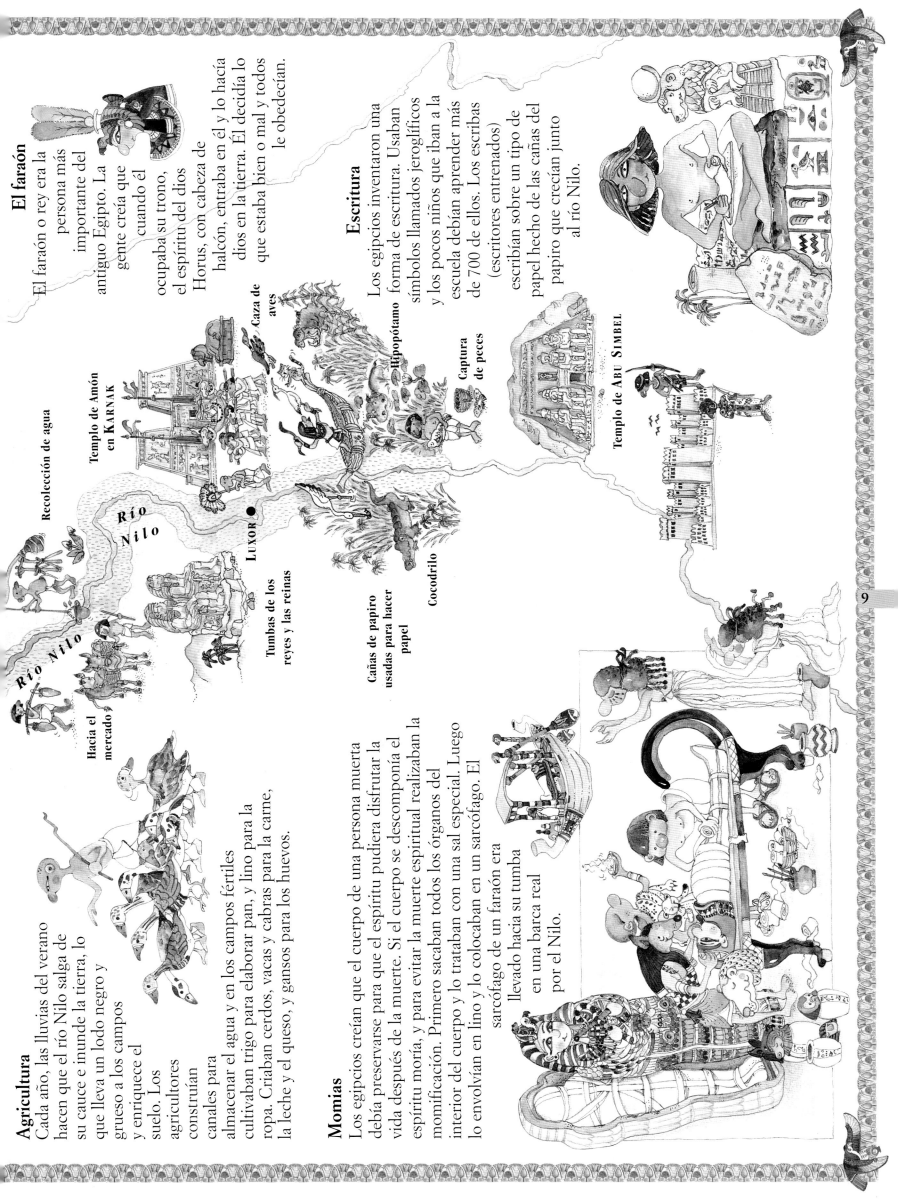

El faraón

El faraón o rey era la persona más importante del antiguo Egipto. La gente creía que cuando él ocupaba su trono, el espíritu del dios Horus, con cabeza de halcón, entraba en él y lo hacía dios en la tierra. Él decidía lo que estaba bien o mal y todos le obedecían.

Escritura

Los egipcios inventaron una forma de escritura. Usaban símbolos llamados jeroglíficos y los pocos niños que iban a la escuela debían aprender más de 700 de ellos. Los escribas (escritores entrenados) escribían sobre un tipo de papel hecho de las cañas del papiro que crecían junto al río Nilo.

Templo de Amón en KARNAK

Caza de aves

Hipopótamo

Captura de peces

Templo de ABU SIMBEL

Recolección de agua

Río Nilo

Río Nilo

LUXOR ●

Tumbas de los reyes y las reinas

Cañas de papiro usadas para hacer papel

Cocodrilo

Hacia el mercado

Agricultura

Cada año, las lluvias del verano hacen que el río Nilo salga de su cauce e inunde la tierra, lo que lleva un lodo negro y grueso a los campos y enriquece el suelo. Los agricultores construían canales para almacenar el agua y en los campos fértiles cultivaban trigo para elaborar pan, y lino para la ropa. Criaban cerdos, vacas y cabras para la carne, la leche y el queso, y gansos para los huevos.

Momias

Los egipcios creían que el cuerpo de una persona muerta debía preservarse para que el espíritu pudiera disfrutar la vida después de la muerte. Si el cuerpo se descomponía el espíritu moría, y para evitar la muerte espiritual realizaban la momificación. Primero sacaban todos los órganos del interior del cuerpo y lo trataban con una sal especial. Luego lo envolvían en lino y lo colocaban en un sarcófago. El sarcófago de un faraón era llevado hacia su tumba en una barca real por el Nilo.

Los antiguos hebreos

Los primeros hebreos llegaron de Mesopotamia a la tierra de Canaán hace casi 4 000 años. Entre ellos había muchos grupos diferentes, además de otros pueblos que ya vivían ahí, como los caneneos. Justo antes del año 1 000 a.C., los hebreos se unieron y formaron el reino de Israel. Cien años después, a la muerte del rey Salomón, el reino estaba divido como Israel, en el norte, y Judea en el sur. A la gente de Judea se le conoció después como judíos.

El Éxodo

De acuerdo con el Antiguo Testamento de la Biblia, Moisés liberó a los hebreos de la esclavitud en Egipto. A este periodo se le llama Éxodo, que significa "partida", cuando Moisés condujo a su pueblo de regreso a Canaán, tierra que habían dejado debido a las hambrunas. La Biblia dice que el viaje duró 40 años. Los historiadores piensan que pudo haber ocurrido 1 300 años antes del nacimiento de Cristo.

MAR MEDITERRÁNEO

CHIPRE

Uvas

Vasijas pintadas

Los fenicios

Esta civilización vivió en la costa noreste del mar Mediterráneo, eran navegantes aventureros y sus resistentes barcos los llevaron a largos viajes para comerciar en tierras lejanas. Establecieron un punto de comercio en la isla de Chipre.

Barco mercante fenicio

David y Goliat

David era un niño granjero que mató al gigante filisteo Goliat, quien había estado aterrorizando a los hebreos.

Aceitunas

Trigo

Frutas

Pescado

Los granjeros

El primer pueblo que vivió en Canaán criaba borregos y cabras para tener leche, carne y ropa. Vagaban por el país en busca de una buena tierra para pastar y luego se establecieron en aldeas hechas con ladrillos de barro y cultivaron trigo, cebada y frutas como higos, sandías y granadas.

Cedros usados como madera

BIBLOS

Íbice

Cuerno de carnero para anunciar el Shabat, (día de descanso)

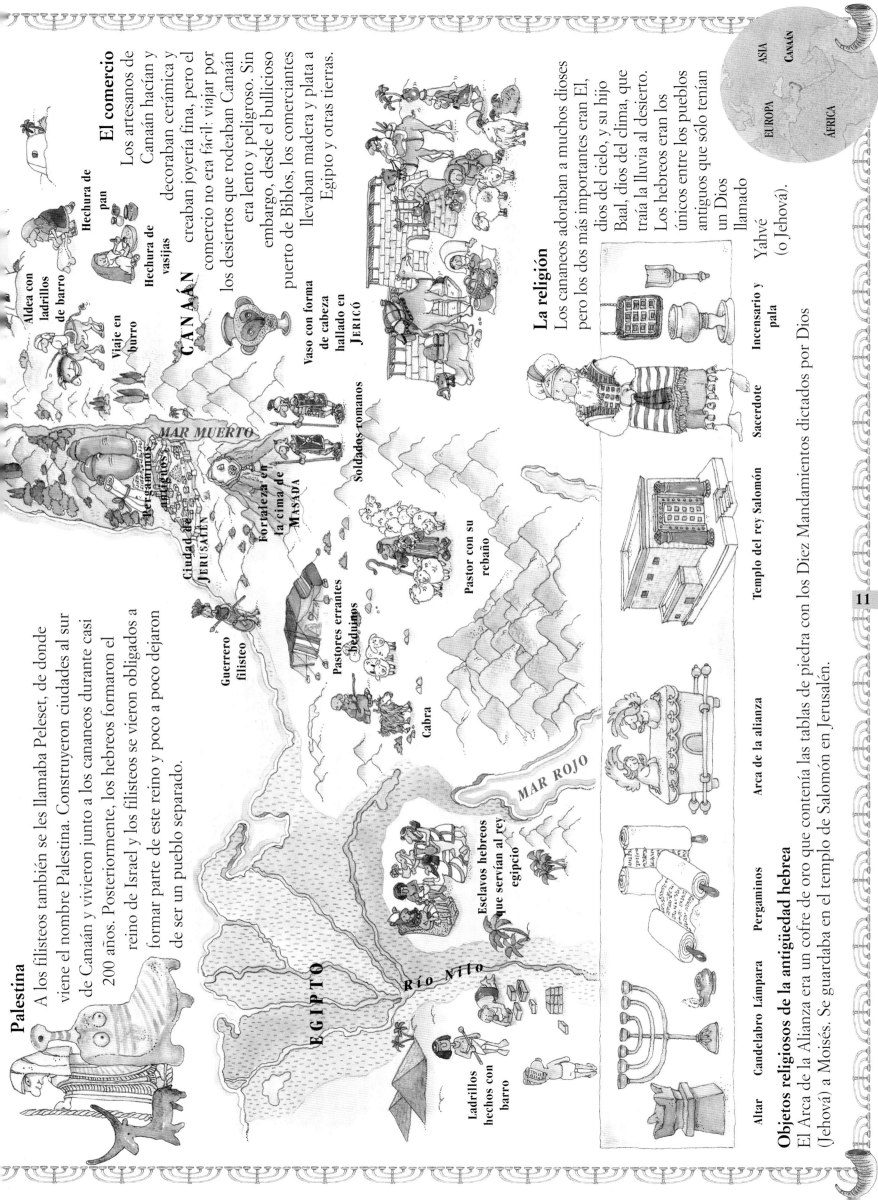

El comercio

Los artesanos de Canaán hacían y decoraban cerámica y creaban joyería fina, pero el comercio no era fácil: viajar por los desiertos que rodeaban Canaán era lento y peligroso. Sin embargo, desde el bullicioso puerto de Biblos, los comerciantes llevaban madera y plata a Egipto y otras tierras.

Hechura de pan

Hechura de vasijas

Aldea con ladrillos de barro

Viaje en burro

CANAÁN

Vaso con forma de cabeza hallado en JERICÓ

Palestina

A los filisteos también se les llamaba Peleset, de donde viene el nombre Palestina. Construyeron ciudades al sur de Canaán y vivieron junto a los cananeos durante casi 200 años. Posteriormente, los hebreos formaron el reino de Israel y los filisteos se vieron obligados a formar parte de este reino y poco a poco dejaron de ser un pueblo separado.

MAR MUERTO

Pergaminos antiguos

Ciudad de JERUSALÉN

Fortaleza en la cima de MASADA

Soldados romanos

Guerrero filisteo

Pastores errantes beduinos

Pastor con su rebaño

Cabra

EGIPTO

MAR ROJO

Río Nilo

Esclavos hebreos que servían al rey egipcio

Ladrillos hechos con barro

La religión

Los cananeos adoraban a muchos dioses pero los dos más importantes eran El, dios del cielo, y su hijo Baal, dios del clima, que traía la lluvia al desierto. Los hebreos eran los únicos entre los pueblos antiguos que sólo tenían un Dios llamado Yahvé (o Jehová).

Incensario y pala

Sacerdote

Templo del rey Salomón

Arca de la alianza

Pergaminos

Altar   **Candelabro**   **Lámpara**

Objetos religiosos de la antigüedad hebrea

El Arca de la Alianza era un cofre de oro que contenía las tablas de piedra con los Diez Mandamientos dictados por Dios (Jehová) a Moisés. Se guardaba en el templo de Salomón en Jerusalén.

ASIA   **CANAÁN**   **EUROPA**   **ÁFRICA**

La antigua Grecia

Cerca del 800 a.C., se desarrolló una nueva civilización muy inteligente en Grecia: fueron los fundadores de la medicina y la ciencia modernas. Los antiguos griegos adoraban a muchos dioses y realizaban festivales deportivos en su honor; entre ellos, el más famoso era los Juegos Olímpicos que se celebraban cada cuatro años en Olimpia. El pueblo de Atenas inició un sistema de gobierno llamado democracia en el que la gente común podía opinar sobre la forma de gobierno de su ciudad.

Ciudades estado

La antigua Grecia no era un país unido, estaba formado por ciudades separadas que controlaban las tierras que les rodeaban. Atenas y Esparta eran las ciudades estado más poderosas y sostuvieron una guerra que duró 27 años. En ocasiones, Atenas y Esparta unían fuerzas si otro país, como Persia, las atacaba.

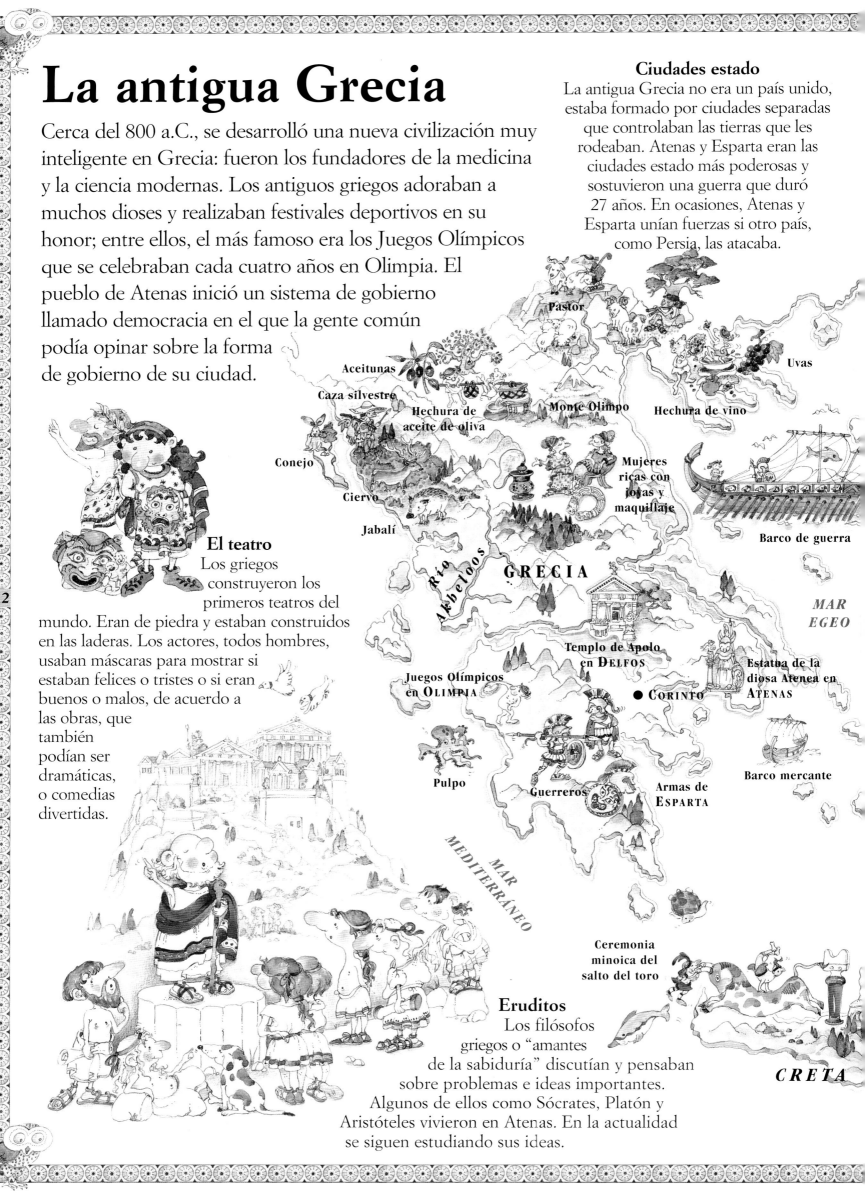

El teatro

Los griegos construyeron los primeros teatros del mundo. Eran de piedra y estaban construidos en las laderas. Los actores, todos hombres, usaban máscaras para mostrar si estaban felices o tristes o si eran buenos o malos, de acuerdo a las obras, que también podían ser dramáticas, o comedias divertidas.

Eruditos

Los filósofos griegos o "amantes de la sabiduría" discutían y pensaban sobre problemas e ideas importantes. Algunos de ellos como Sócrates, Platón y Aristóteles vivieron en Atenas. En la actualidad se siguen estudiando sus ideas.

Pastor

Uvas

Aceitunas

Caza silvestre

Hechura de aceite de oliva

Monte Olimpo

Hechura de vino

Conejo

Mujeres ricas con joyas y maquillaje

Ciervo

Jabalí

Barco de guerra

Río Acheloos

GRECIA

MAR EGEO

Templo de Apolo en DELFOS

Juegos Olímpicos en OLIMPIA

CORINTO

Estatua de la diosa Atenea en ATENAS

Pulpo

Guerreros

Armas de ESPARTA

Barco mercante

MAR MEDITERRÁNEO

Ceremonia minoica del salto del toro

CRETA

12

Comida y bebida

Los griegos cultivaban trigo para hacer pan, hacían aceite con las olivas o aceitunas y vino con las uvas, también criaban borregos, cabras y cerdos, y los peces abundaban en sus costas. Usaban ajo para dar sabor a la comida y miel para endulzarla.

Caballo de Troya

Homero, poeta de la antigua Grecia, escribió un emocionante relato sobre una guerra de diez años entre Grecia y la ciudad de Troya, misma que ganaron los griegos con una astuta trampa: dejaron un enorme caballo de madera fuera de los muros de Troya y fingieron su partida. Los troyanos metieron el caballo en la ciudad, pero estaba lleno de soldados que salieron por la noche, abrieron las puertas de la ciudad al resto del ejército y mataron a sus enemigos.

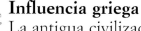

TROYA

Tejido de alfombras

Influencia griega

La antigua civilización griega tuvo una importante influencia en las civilizaciones posteriores. Hasta nuestros días las ideas griegas siguen siendo importantes sobre el arte, la arquitectura, el teatro, la música, la ciencia y la medicina, así como el deporte, la retórica y la política.

Mercader

Los niños

Los hijos de las familias ricas aprendían a leer, escribir y sumar desde los siete años. Los más pobres aprendían el oficio de su padre y debían trabajar duro desde muy pequeños. Las niñas se quedaban en casa con su madre, aprendían a hacer ropa para la familia y a cuidar de la casa, sólo algunas aprendían a leer y escribir.

Delfines

Juguetes

Los niños tenían trompos, sonajas, muñecas y también jugaban con animales de cerámica; los mayores tenían juegos de mesa.

Artesanías

Atenas era famosa por sus alfareros, quienes pintaban sus vasijas de arcilla con hermosos diseños. La ciudad de Corinto era conocida por sus joyas y su trabajo del metal. Los artesanos griegos hacían su trabajo en talleres pequeños con herramientas simples. Algunos tenían esclavos que les ayudaban.

Barco mercante

Diosa serpiente

Minoicos

La primera civilización europea no fue la griega sino la minoica, que se llamaba así en el honor al rey Minos y se desarrolló en Creta.

13

Rómulo

A los niños romanos se les contaba la historia de dos gemelos huérfanos, Rómulo y Remo, quienes fueron alimentados por una loba. Según la leyenda, al crecer Rómulo fundó la ciudad de Roma en 753 a.C. y fue su primer rey.

Defensa del imperio

Un general africano llamado Aníbal cruzó los Alpes con sus elefantes para atacar Roma en el año 218 a.C. Fue derrotado por los romanos, quienes estaban continuamente bajo el ataque de los pueblos del norte y el este. Después de Augusto, muchos emperadores más defendieron el imperio durante 500 años.

Gladiadores

Los gladiadores especialmente entrenados peleaban a muerte entre sí o con animales salvajes, como leones, en los anfiteatros romanos como el Coliseo de Roma. El público romano, sediento de sangre, disfrutaba de estos espectáculos.

Etruscos

Habitaron el norte de Roma, pero no sobrevivieron como pueblo. Su líder, Tarquino *el Soberbio*, fue rey de Roma en 534 a.C.

Banquetes

Los romanos ricos y poderosos disfrutaban de lujosos banquetes en los que se entretenían con música y poesía. En estas fiestas, los invitados se recostaban en sillones y comían y bebían hasta sentirse mal. Uno de sus manjares favoritos era el lirón cocinado con miel.

Muro de Adriano

Soldados romanos patrullando la provincia

BRETAÑA

Gobernador de una provincia

Estandartes de la legión romana

Porta Nigra en TRIER

GAULA

Elefantes de Aníbal

Monedas

Soldados romanos luchando con los galos

ALPES

Recolección de aceitunas

ITALIA

PIRINEOS

Templo romano en NIMES

ESPAÑA

Acueducto para transportar agua

Barco mercante

Coliseo en ROMA

Aceitu

Carro de bueyes

MAR MEDITERRÁNEO

Legión romana

NORTE DE ÁFRICA

Teatro romano y máscara de actor

La antigua Roma

La ciudad de Roma tenía ya cientos de años cuando Augusto, su primer emperador, ocupó el poder en el año 27 a.C. Para entonces, Roma controlaba el resto de Italia, el sur de Francia y España. El poderoso ejército romano conquistó más países, hasta que el imperio llegó a ocupar las tierras alrededor del Mediterráneo y al norte hasta Bretaña. La mayoría de los ciudadanos romanos llevaba una vida cómoda, pero sus esclavos tenían pocos derechos. El imperio duró hasta el año 476 d.C., cuando unos poderosos guerreros del noreste invadieron Roma y derrocaron al emperador.

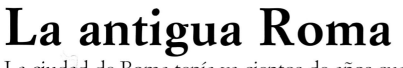

EUROPA   ASIA

ÁFRICA   IMPERIO ROMANO

Invasores del norte (bárbaros)

Monumento a las victorias del emperador Trajan

Esclavos capturados

Pastor

Río Danubio

MAR NEGRO

Viaje en carruaje

Uvas

GRECIA

ATENAS

Construcción de caminos para el comercio, los movimientos de las tropas y el correo.

Barco mercante

MAR MEDITERRÁNEO

Estatua de Alejandro Magno

ALEJANDRÍA

EGIPTO

Río Nilo

Comerciante que cruza el desierto del Sahara

León

Cocodrilo dibujado en piso de mosaico

Baños públicos

Los lujosos baños calientes de Roma, con cuartos de vapor y fuentes cálidas, estaban disponibles para todos. Eran populares no sólo para bañarse, sino también para hacer ejercicio o para encontrarse con amigos a platicar. Los hombres y las mujeres se bañaban por separado.

Moda y belleza

Las mujeres romanas tenían esclavas que les ayudaban a peinarse, maquillarse y ponerse sus joyas. Les untaban tiza en la cara, pues estaba de moda verse pálidas; al final admiraban los resultados en espejos de plata o bronce.

Los celtas

Hacia el año 750 a.C., los celtas aparecieron en Europa central, se esparcieron al este en Galia (Francia) y España, al norte en Bretaña e Irlanda; incluso asediaron Roma en el 390 a.C. Los celtas tenían caciques y las ceremonias religiosas las celebraban los sacerdotes llamados druidas; los bardos cantaban y escribían poemas para celebrar las victorias. Hacia el año 100 d.C., los romanos habían conquistado muchas de las tierras celtas.

Artesanos

Los celtas eran hábiles para el trabajo del metal: hacían armas de acero y joyería de oro y bronce, usaban brazaletes de oro decorados con ámbar y elaboraban espejos de bronce y jarras con adornos de coral y esmalte. Eran buenos comerciantes y en la región del Mediterráneo intercambiaban sal, pieles y oro, a cambio de vino, aceite y cerámica.

La religión y los druidas

Los celtas creían que muchos dioses los cuidaban en este mundo y en el siguiente. Los druidas eran sacerdotes y líderes religiosos que también servían como maestros y jueces; realizaban diferentes ceremonias religiosas, incluyendo una en la que usaban una hoz dorada para cortar el muérdago del roble. Los druidas también eran expertos en matemáticas y astronomía.

La vida cotidiana

Muchos de los celtas eran granjeros, cultivaban cereales y criaban ganado, borregos y puercos. Las familias vivían en aldeas y construían sus casas de piedra y madera con techos de paja. Las mujeres cocinaban en grandes calderos de hierro que pendían de una cadena sobre el fuego.

Cabezas y cráneos

Los celtas cortaban las cabezas de sus enemigos, ponían cráneos humanos en altares de piedra o sobre las puertas y cuidaban los cráneos de sus ancestros famosos. Esto no era sólo por sed de sangre sino que constituía parte de rituales importantes; los celtas creían que el alma de una persona estaba en su cabeza.

Cruz celta

Libro del Evangelio

IRLANDA

Batalla

Trompeta de batalla hecha de bronce

BRETAÑA

Banq con c

GAULA

Aldea

Río Loira

Guerrero celta

ALPES

Soldado romano

Río Rhone

Epona, la diosa caballo celta

Caza del jabalí salvaje

ESPAÑA

Zorros

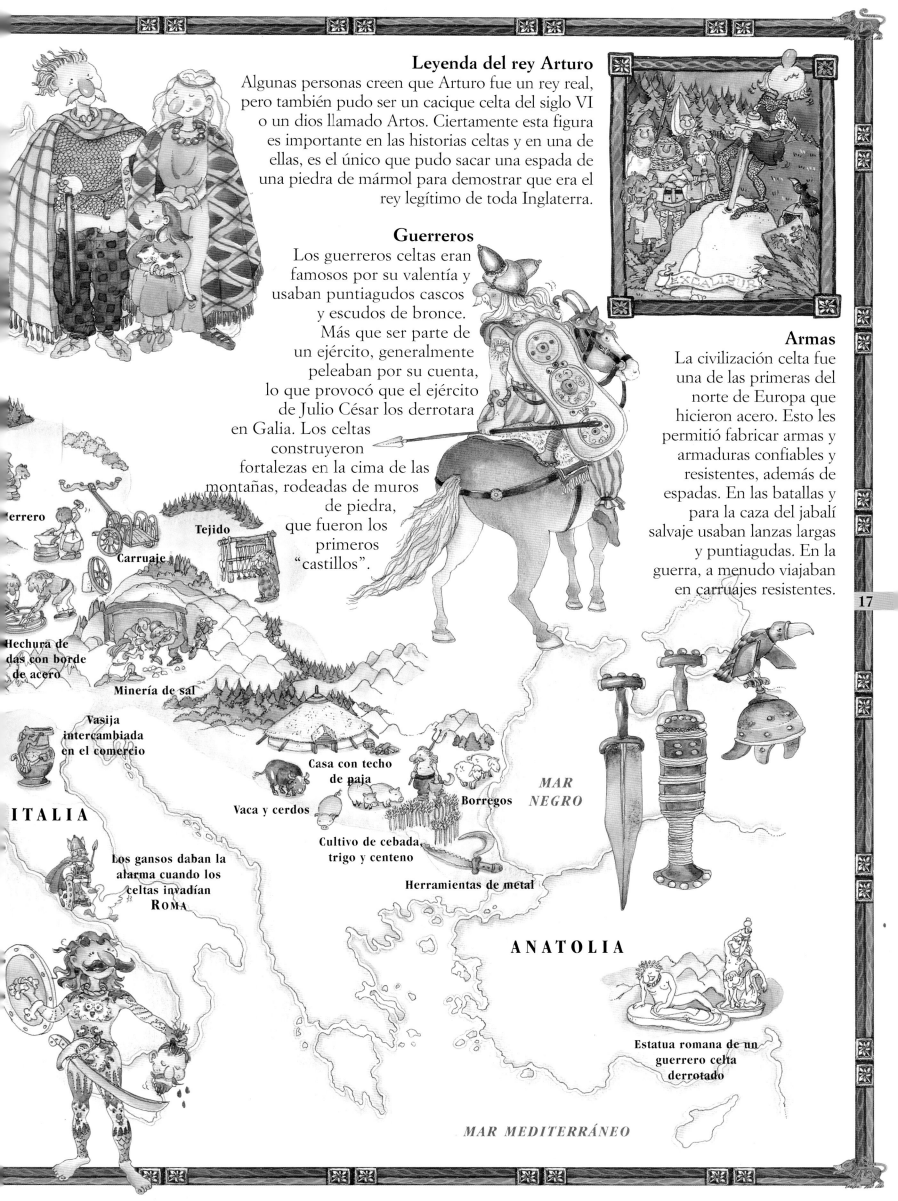

Leyenda del rey Arturo

Algunas personas creen que Arturo fue un rey real, pero también pudo ser un cacique celta del siglo VI o un dios llamado Artos. Ciertamente esta figura es importante en las historias celtas y en una de ellas, es el único que pudo sacar una espada de una piedra de mármol para demostrar que era el rey legítimo de toda Inglaterra.

Guerreros

Los guerreros celtas eran famosos por su valentía y usaban puntiagudos cascos y escudos de bronce. Más que ser parte de un ejército, generalmente peleaban por su cuenta, lo que provocó que el ejército de Julio César los derrotara en Galia. Los celtas construyeron fortalezas en la cima de las montañas, rodeadas de muros de piedra, que fueron los primeros "castillos".

Armas

La civilización celta fue una de las primeras del norte de Europa que hicieron acero. Esto les permitió fabricar armas y armaduras confiables y resistentes, además de espadas. En las batallas y para la caza del jabalí salvaje usaban lanzas largas y puntiagudas. En la guerra, a menudo viajaban en carruajes resistentes.

Herrero

Carruaje

Tejido

Hechura de das con borde de acero

Minería de sal

Vasija intercambiada en el comercio

ITALIA

Los gansos daban la alarma cuando los celtas invadían ROMA

Casa con techo de paja

Vaca y cerdos

Cultivo de cebada, trigo y centeno

Herramientas de metal

Borregos

MAR NEGRO

ANATOLIA

Estatua romana de un guerrero celta derrotado

MAR MEDITERRÁNEO

Islandia

Los vikingos noruegos navegaron hacia Islandia alrededor del año 870 d.C. Es posible que ya vivieran monjes irlandeses ahí, pero tal vez fueron expulsados o asesinados por los vikingos. Construyeron granjas cerca de las costas y los caciques vikingos y los pobladores se reunían cada verano para crear leyes que regulaban a todos los islandeses.

Morsas

I S L A N D I A

Granjas con techos de césped

Trineo

Dioses y diosas

Los vikingos creían que sus dioses vivían en un mundo llamado Asgard, más allá del puente del arco iris. Odín, que sólo tenía un ojo, era el dios más sabio e importante. Los gigantes, enemigos a muerte de los dioses, vivían en un mundo de hielo subterráneo.

Los vikingos

Desde finales del siglo VIII hasta cerca del año 1 100, los vikingos o nórdicos, eran conocidos en Europa como saqueadores rudos y despiadados. Navegaban desde su tierra natal en Escandinavia, una región conformada hoy por Dinamarca, Noruega y Suecia, en busca de riqueza y de mejores tierras de cultivo. Atacaron las costas de Bretaña, se establecieron en Islandia y Groenlandia, e incluso se cree que llegaron a Norteamérica. Fundaron el primer estado ruso y se apoderaron de una parte del área de Francia que se conocía como Normandía o "la tierra de los nórdicos".

Thor, dios del trueno

Barcos largos

Los vikingos eran famosos por sus largos y estrechos barcos, que eran ligeros y podían ser remolcados o cargados sobre la tierra si era necesario. Tenían una vela y una hilera de remos a cada lado. Los marineros remaban cuando se necesitaba velocidad adicional o cuando había poco viento.

MAR DEL NORTE

Vikingos atacando monjes y robando los tesoros de los monasterios

I R L A N D A

Barco de invasores vikingos

Casa alargada

Monje huyendo

B R E T A Ñ A

Borregos

OCÉANO ATLÁNTICO

Rio Támesis

Las Valquirias

De acuerdo con los mitos, estas sirvientas de Odín cabalgaban por los campos de batalla. Se llevaban a los héroes vikingos muertos a la sala de los dioses llamada Valhala.

NORUEGA

Iglesia de la "estaca" de madera

Sepelio en barco de una persona importante

Construcción de barcos

Tejido

Guerrero

DINAMARCA

Casco y espada

Molino manual para granos

Mercado

Reno

Castores

Mercader

Tumba

SUECIA

Cocina

MAR BÁLTICO

Granjas

Los vikingos criaban ovejas, cabras y vacas, puercos y gallinas. También sembraban cereales como trigo y cebada. Toda la familia ayudaba en la cosecha.

Comida

Los vikingos comían pan, carne y vegetales, y el pescado era parte importante de su dieta. Endulzaban la comida con miel, con la que elaboraban el aguamiel.

Runas

Las 16 runas (o letras) del alfabeto vikingo se trazaban en líneas rectas que se tallaban con facilidad en piedra o madera. Las piedras que contenían runas se pintaban de colores brillantes y se usaban como lápidas. Los cuentos se transmitieron de forma oral y no escrita.

Artesanías

Los vikingos hacían todas sus herramientas y armas. Con el oro, la plata y el bronce, los artesanos creaban utensilios, decoraciones y joyería. Comerciaban todos estos productos, así como pieles y textiles, en los mercados de los pueblos de la costa.

La antigua China

La primera civilización china se desarrolló a orillas del Huang Ho, o Río Amarillo, donde los granjeros usaban el suelo fértil para sembrar un cereal llamado mijo. Más al sur, la gente construyó casas sobre bases suspendidas en el Chang Jiang, o Río Yangtze. En los pantanos pudieron cultivar arroz.

Con el tiempo se formaron reinos rivales en diversas partes de esta vasta región y se unieron por vez primera bajo un solo emperador en el 221 a.C. Posteriormente los líderes de la dinastía Han y las siguientes familias gobernantes expandieron el imperio.

El emperador

Los chinos de la antigüedad consideraban a sus líderes "hijos del cielo" designados por los dioses. Nadie, salvo el emperador, podía usar ropa amarilla.

Comerciantes en la Ruta de la seda

Planchando seda recién tejida

La Ruta de la seda

La seda se descubrió en China hace por lo menos 5 000 años. El gusano de la seda, que es la oruga de una especie de polilla, hace el hilo de seda. Los chinos guardaron muy bien su secreto, comerciaban este preciado hilo, además de té, papel y porcelana, a lo largo de una ruta terrestre llamada la Ruta de la seda. Los comerciantes llevaban sus mercancías hasta el mar Mediterráneo.

Monje buscando libros budistas

Religiones chinas

Los primeros pueblos chinos adoraban la naturaleza y creían en dioses de las montañas, de los árboles, de los ríos. Después del 600 a.C., sus creencias recibieron la influencia de tres maestros. Lao Tse creía en la vida en armonía con la naturaleza. Kongfuzi (o Confucio) acentuaba que todos debían ser sinceros, valientes y corteses con los demás. Los pensamientos del tercer maestro, Buda, llegaron a China desde la India. Gradualmente se mezclaron los tres grupos de ideas.

La Gran Muralla

Los primeros gobernantes construyeron muros para repeler a los invasores del norte. En el 214 a.C., el primer emperador ordenó que esas paredes se unieran en una gran muralla de piedra. Cerca de 300 000 campesinos, soldados retirados y esclavos, tardaron 20 años en construir la Gran Muralla. Vigilados por soldados, trabajaban en condiciones terribles, sobre todo durante los crudos inviernos. La muralla terminada tenía más de 3 000 km de largo, de los que algunas partes aún siguen en pie.

Yurts (tiendas nómadas)

Nómada en la frontera norte

Inventos

Los médicos chinos usaban agujas para aliviar el dolor con acupuntura. Los comerciantes utilizaban un marco para contar llamado ábaco. Los chinos produjeron papel e imprimieron el primer libro; también inventaron la pólvora y fueron los primeros en elaborar la porcelana fina.

Palacio de PEKÍN

Cuevas de los mil budas

La Gran Muralla

Rebeldes del norte

Músicos

Huang Ho (Río Amarillo)

Bote de cargamento en el Gran Canal

El primer emperador ordena la quema de los libros prohibidos

Gusano de seda y capullos

CHINA

Jefe militar

Tejido de seda

Chang Jiang (Río Yangtze)

Escritura

Los caracteres o símbolos representan sonidos o palabras chinas. El arte de escribirlos con un pincel se conoce como caligrafía.

Carreta de bueyes

Granja

Riego de pequeñas plantas

HIMALAYAS

Transporte de cosecha

Siembra de arroz

Arado

Junco (embarcación china)

MAR DEL SUR DE CHINA

Templo

Construcción de un arrozal

21

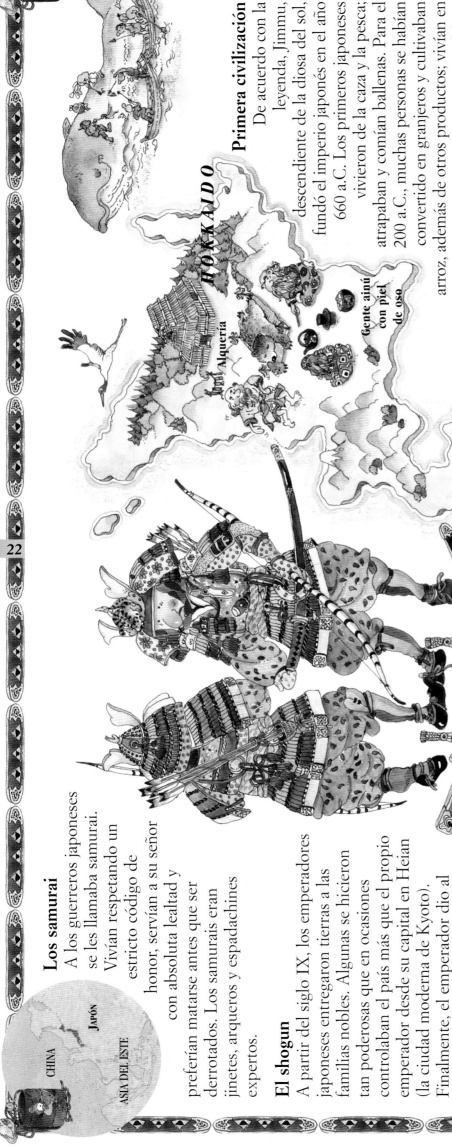

Los samurai

A los guerreros japoneses se les llamaba samurai. Vivían respetando un estricto código de honor, servían a su señor con absoluta lealtad y preferían matarse antes que ser derrotados. Los samurais eran jinetes, arqueros y espadachines expertos.

El shogun

A partir del siglo IX, los emperadores japoneses entregaron tierras a las familias nobles. Algunas se hicieron tan poderosas que en ocasiones controlaban el país más que el propio emperador desde su capital en Heian (la ciudad moderna de Kyoto). Finalmente, el emperador dio al líder de cada familia el título de shogun, que significa "gran general".

HOKKAIDO

Alquería

Gente ainú con piel de oso

Primera civilización

De acuerdo con la leyenda, Jimmu, descendiente de la diosa del sol, fundó el imperio japonés en el año 660 a.C. Los primeros japoneses vivieron de la caza y la pesca; atrapaban y comían ballenas. Para el 200 a.C., muchas personas se habían convertido en granjeros y cultivaban arroz, además de otros productos; vivían en aldeas.

Arroz y té

En el Japón antiguo, el arroz no sólo era parte importante de la alimentación, con él también se pagaban los impuestos. El té llegó desde China y pronto fue un producto importante. Aún se practica en Japón la costumbre de compartir con los invitados una ceremonia de té.

HONSHU

Granja

Sembrando arroz

Té

Ceremonia del té

El antiguo Japón

En el Japón antiguo la gente creía que sus gobernantes eran seres divinos. Cuando un emperador salía del palacio, la gente le hacía reverencias y no se atrevía a mirarle a los ojos; si pasaba por la calle la gente cerraba puertas y ventanas. El emperador era dueño de toda la tierra y empleaba soldados para mantener el orden. Sin embargo con el tiempo las familias nobles obtuvieron más poder y formaron sus propios ejércitos.

JAPÓN

CHINA

ASIA DEL ESTE

El arte de escribir

Como muchas otras cosas, la escritura se trajo de China. Los japoneses adaptaron los caracteres y agregaron otros. Desde la antigüedad, se ha respetado la caligrafía, el arte de escribir bellamente, usando tinta y pincel.

Música y danza

En la corte, se representaba una danza formal ante el emperador y sus cortesanos. Todos los bailarines eran hombres vestidos con trajes ceremoniales y con frecuencia usaban máscaras. Bailaban con música tocada en flautas, tambores y gongs.

Shinto y budismo

La religión japonesa shinto significa "modo de los dioses". En la antigüedad, los japoneses adoraban tanto a la naturaleza como a sus propios ancestros. Después de adoptar el budismo de China las dos religiones se desarrollaron lado a lado.

Ropa

El vestido tradicional de las damas japonesas era el kimono, una manta larga que se usaba con una cinta. Para las ceremonias, las damas de la antigua corte imperial usaban kimonos de seda sobre doce capas de manta de diferentes colores. Los nobles usaban una manta sobre unos pantalones anchos, con una cola que arrastraba y un gorro.

Origami

"Luego de que trajeran el papel de China, los japoneses desarrollaron métodos para doblarlo y hacer formas y objetos artísticos. Este creativo arte se llamó origami, que significa simplemente "doblez de papel". En el importante altar shinto en Ise, los dioses se representaban con figuras hechas con un papel especial.

OCÉANO PACÍFICO

Monte Fuji

Arreglo de flores

Lucha sumo

Bailarín y máscara

Templo

Templo shinto en ISE

Jardín de piedra japonés

HEIAN (KYOTO)

Templo shinto en IZUMO

La Gran Puerta Torii en ITSUKUSHIMA

JAPÓN

Dama de compañía

Emperatriz

SHIKOKU

Pesca de perlas

Lucha samurai

KYUSHU

Barco oceánico

23

El valle del Indo

Hace cerca de 5 000 años se desarrolló una civilización a lo largo del valle del río Indo, lo que hoy es Pakistán y el norte de la India. Cerca del río había dos ciudades grandes, Harappa y Mohenjodaro. La civilización duró casi 800 años. La gente del valle del Indo podía contar, medir y escribir, pero hasta ahora no podemos leer o descifrar lo que ellos escribían. Hacia el 1500 a.C., sus ciudades fueron tomadas por los arios de Asia central.

Cerámica de la gente del valle del Indo

Río Indo

Carreta de bu

Caza de leones en elefante

Camello

Ganesh

Los hindúes adoran a muchos dioses. Uno de ellos es Ganesh, que tenía cuerpo humano y cabeza de elefante. Su padre, Shiva, le cortó la cabeza pero luego decidió salvarle la vida y se la reemplazó con la del primer animal que encontró.

La antigua India

La primera civilización india se desarrolló en el valle del río Indo. Posteriormente el pueblo ario llegó del norte y vivió en muchos reinos pequeños. Después de que Alejandro Magno fracasara en su conquista de la región, una dinastía de reyes llamados murianos gobernó la India hasta el año 185 a.C. El nieto del primer gobernante, Asoka, fue el líder más importante del imperio mauriano. Se convirtió al budismo e intentó traer la paz, pero a su muerte la India volvió a dividirse en pequeños reinos. Más de 500 años después otra dinastía, los guptas, ocuparon el poder e iniciaron una era de oro para la cultura india.

Festivales

La religión hindú tenía muchos festivales coloridos en los que participaban bailarines, acróbatas, músicos y se vestía a los elefantes para que desfilaran por los pueblos y aldeas. Estas tradiciones sobreviven hasta hoy. Uno de los principales festivales hindúes es el Dasehra, que celebra el triunfo del bien sobre el mal.

Pony de
montaña

Hombres santos
practicando yoga

Taj Majal
en **AGRA**

El Capitel del
León en **SARNAT**

Baño en el sagrado
río Ganges en
VARANASI

Pavo
real

El Gran Stupa
en **SANCHI**

Río Ganges

Río Narmada

Ciervo

Tigre

Río Godavari

Príncipes
guerreros

Estatuas
hindúes

I N D I A

Río Krishna

Músico y
bailarín

Barco
mercante

Explorador
portugués

Templo hindú en **MADURAI**

Buda

Alrededor del año
530 a.C., un joven
príncipe indio
llamado
Siddharta Gautama,
abandonó la riqueza para
buscar el significado de la vida.
Años después, sentado en silencio
bajo un árbol, descubrió lo
que buscaba. Se convirtió
en Buda o "el iluminado"
y pasó el resto de su
vida enseñando
a los demás.

Brahman

Kshatriya

Vaishya

Sudra

Castas

Los antiguos arios
separaban a la gente
de acuerdo con el
trabajo que hacía y los
hindúes continuaron con esta
costumbre. Existían cuatro
castas o clases. La más alta eran
los brahmas, o sacerdotes; luego estaban los
kshatriyas o guerreros y gobernantes; luego, los
vaishyas, o granjeros y comerciantes; por último los sudras,
o trabajadores y sirvientes. Los niños
pertenecían a la casta de sus padres.

Hinduismo

Se desarrolló de la religión que los
arios introdujeron hacia el año
1 500 a.C. Se basa en los Vedas,
himnos sagrados, y enseña a
llevar una buena vida para
recibir una recompensa en la vida
siguiente. Los hindúes creen en la
reencarnación o el nacimiento en
un cuerpo nuevo. Construyeron
muchos templos hermosos en
la India, de los que aún
existen algunos.

Escritura

Los mayas desarrollaron su propia escritura con símbolos llamados glifos. Los escribas usaban plumas de pavo real para escribir en tiras de corteza de higo.

Sacrificio humano

Los aztecas creían que los dioses necesitaban sangre humana para conservar su fuerza. Los sacerdotes extraían el corazón de los prisioneros de guerra con un cuchillo de pedernal. Luego los ofrecían al dios, junto con la sangre.

Cultivos y animales

Los mayas y los aztecas capturaban pavos reales salvajes en los bosques. Algunos de sus cultivos principales eran el maíz, el frijol y el chayote. En Sudamérica, los incas cultivaban papas, jitomates, frijoles y cacao.

Plumas para los penachos

Vasijas

Mercado azteca

Guerreros jaguar y águila

Casa con techo de paja

Elote

Moliendo maíz

Maíz

Estatua de los olmecas

Templo en PALENQUE

Gobernante maya

Templo en CHICHÉN ITZA

GOLFO DE MÉXICO

Escultor maya

Templo del Jaguar Gigante en TIKAL

CENTROAMÉRICA

Selva

Tejido

Tortuga

Jaguar

Calendario

Los mayas y los aztecas usaban calendarios diferentes. Los aztecas tallaron el Calendario del sol en una gran piedra redonda. El año en el Calendario maya, al igual que en el nuestro, tenía 365 días.

Juego de pelota

Los mayas tenían un juego de pelota sagrado. Los jugadores intentaban golpear una pelota de caucho grande y sólida con los brazos, los codos y las caderas. Se cree que los sacerdotes le cortaban la cabeza a los perdedores.

Mayas, incas y aztecas

Hace más de 3 000 años, en México, Centroamérica y la región andina de Sudamérica, se desarrollaron algunas culturas nativas de América. Los mayas y los aztecas son los más conocidos de los pueblos centroamericanos. Ambos crearon grandes imperios. En las montañas de los Andes y en la región costera de Sudamérica, los incas formaron una civilización organizada bajo un solo gobernante llamado Inca. Los reyes y los sacerdotes mayas perdieron su poder hacia el año 1000. Quinientos años después, los españoles llegaron y destruyeron los imperios azteca e inca.

NORTE AMÉRICA

MAYAS Y AZTECAS

CENTROAMÉRICA

SUDAMÉRICA

INCAS

El imperio Inca

Los incas vivieron en las montañas de los Andes y conquistaron la región que les rodeaba; pronto controlaban un poderoso imperio desde su capital en Cuzco. Su gobernante, llamado el Inca, era obedecido y adorado como un dios viviente. Los incas hacían coloridas figuras de cerámica.

El Dorado

Muchos exploradores europeos fueron a Sudamérica en busca de El Dorado, una tierra de gran riqueza donde el rey se cubría con polvo de oro. Nunca se encontró esta mítica ciudad.

Conquistadores españoles

El soldado español Francisco Pizarro fue a Centroamérica en busca de oro. Llegó a Perú en 1532 y con sólo 167 hombres, capturó al gobernante inca y conquistó todo el imperio. Pizarro, un hombre cruel, murió asesinado por sus soldados.

La vida diaria

Al igual que los mayas y los aztecas, muchos incas eran granjeros. En las montañas construían terrazas para hacer sembradíos. En ellas se edificó la ciudad de Machu Picchu. Todos trabajaban mucho, era parte de la vida diaria de los incas; las mujeres tejían finas telas con diseños especiales. En las tierras altas se usaba la lana de las llamas y las alpacas que los hombres pastoreaban, mientras que cerca de la costa la gente vestía de algodón.

Puentes

Los incas hacían puentes resistentes de cuerda que atravesaban los cañones profundos de los Andes.

Cuchillo de oro del pueblo chimu

Bebiendo chicha, bebida de maíz

Cerámica

Cactus

Ciudad de MACHU PICCHU

Flautas de pan

Mensajero con trompeta de concha

Procesión real

Balsa de cañas en el LAGO TITICACA

CUZCO

ANDES

Cóndor

Llamas

Plantío de papas

SUDAMÉRICA

Papas

Construcción de camino

Índice

Acadia 7
África 4, 8
Alejandro Magno (rey macedonio) 24
Alto Egipto 8
Andes 26, 27
Aníbal 14
Arios 24, 25
Aristóteles 12
Artos (dios celta) 17
Arturo, rey 17
Asgard (dios vikingo) 18
Asia 4
Asirios 7
Asoka (rey mauriano) 24
Atenas 12, 13
Augusto (emperador romano) 14
Aztecas 26, 27

Baal (dios cananeo) 11
Babilonia 7
Bajo Egipto 8
Bardos 16
Bastet (dios egipcio) 8
Bretaña 15, 16, 18
Buda (Siddharta Gautama) 20, 25
Budismo 23
Biblos 11

Caballo de Troya 13
Canaán 10, 11
Cananeos 11
Celtas 16, 17
Centroamérica 26, 27
Chang Jiang (río Yangtze) 20
China 20, 21, 22, 23
Chipre 10
Coliseo (Roma) 14
Confucio – ver Kongfuzi
Corinto 13
Culturas nativas de América 26

Dasehra (festival hindú) 24
David y Goliat 10
Dinamarca 18
Dinastía Han 20
Druidas 16

Edad de Bronce 5
Edad de Piedra 4
Egipto 8, 9, 10, 11
El (Dios cananeo) 11
El Dorado 27
Elamitas 6
Emperadores 15, 20, 22, 23, 24
Escandinavia 18
España 15, 16
Esparta 12
Etruscos 14
Europa 4, 16, 17, 18

Fenicios 10
Filisteos 10, 11
Francia 15, 16, 18

Galia (Francia Moderna) 14, 15, 16, 17
Ganesh (dios Hindú) 24
Gran Muralla China 21
Grecia 12
Groenlandia 18
Gupta 24

Harappa 24
Hebreos 10, 11
Heian (actual Kyoto) 22
Hinduismo 25
Homero 13
Horus (dios egipcio) 8, 9
Huang Ho (Río Amarillo) 20

Imperio asirio 7
Imperio azteca 26

Imperio babilónico 6, 7
Imperio inca 26, 27
Imperio japonés 22
Imperio mauriano 24
Imperio maya 26
Imperio persa 7
Imperio romano 14, 15
Incas 26, 27
India 20, 24, 25
Inglaterra 17
Irlanda 16
Ise 23
Islandia 18
Israel, reino de 10, 11
Italia 15

Japón 22, 23
Jehová (Yahvé: dios hebreo) 11
Jerusalén 11
Jimmu 22
Judea, reino de 10
Judíos 10
Juegos olímpicos 12
Julio César (general romano) 17

Kongfuzi (Confucio) 20

Lao Tse 20

Machu Picchu 27
Mar Mediterráneo 8, 10, 15, 20
Mayas 26, 27
Mesopotamia 6, 7, 10
México 26
Minoicos 13
Minos, rey 13
Mohenjo-daro 24
Moisés 10, 11

Nórdicos (vikingos) 18, 19
Normandía 18
Norteamérica 18
Noruega 18

Odín (dios vikingo) 18, 19
Olimpia 12

Pakistán 24
Palestina 11
Persia 7, 12
Perú 27
Pizarro, Francisco 27
Platón 12
Puerta de Ishtar 7

Remo 14
Río Eufrates 7
Río Indo 24
Río Nilo 8, 9
Río Tigris 7
Roma 14, 15, 16
Rómulo 14
Ruta de la Seda 20

Salomón (rey hebreo) 10, 11
Shinto 23
Shiva (dios hindú) 24
Sócrates 12
Sudamérica 26, 27
Suecia 18
Sumeria 7
Sumerios 6, 7

Tarquino el soberbio (rey etrusco) 14
Templo de Salomón 11
Troya 13
Troyanos 163

Ur 6

Valhala 19
Valquirias 19
Valle del Indo 24
Vikingos (escandinavos) 18, 19

Yahvé (Jehová, dios hebreo) 11